Reiner Knieling

Kraftworte

Voller Zuversicht leben

Biblische Mutmach-Texte neu formuliert

REINER KNIELING

KRAFTWORTE

Voller Zuversicht leben

Biblische Mutmach-Texte neu formuliert

adeo

INHALT

EINSTIMMUNG

Das verbindet die Propheten und Paulus: Sie entdecken die Kraft Gottes in neuen Zusammenhängen. Sie sprechen in zeitgemäßer Sprache von dem, was zu anderen Zeiten und an anderen Orten auch schon Kraft hatte, wozu aber irgendwie die Verbindung verloren gegangen ist. Sie reden so davon, dass es unmittelbar wirkt, unter die Haut geht, das Herz berührt, das Nachdenken anregt. Sie sprechen die „Heute-Sprache" und nicht die „Gestern-Worte". Für die Jetzt-Zeit. Für das neue Lebensgefühl.

Auch unsere Zeit hat ihre Besonderheiten: die globalen Herausforderungen und die Ängste, die damit verbunden sind. Unsicherheit wächst. Aktionismus macht sich breit. Müdigkeit legt sich über die Seelen. Neue Ideen werden händeringend gesucht. Und in grundlegenden Fragen fehlt häufig die Orientierung. Die politischen Kräfte verschieben sich. Niemand weiß, wo das hinführt.

Den Propheten werden „Heute-Worte" geschenkt. Worte, die ihre Kraft hier und jetzt entfalten; die müde Menschen aufrichten; die Ruhe schenken, wo die

Herzen aufgewühlt sind; die Mut stiften, wenn sich Menschen abgehängt fühlen; die aufrichten und das Rückgrat stärken, für das eigene Recht einzutreten; die Mut wachsen lassen, den Finger in die Wunde zu legen, wenn Arme immer ärmer und Reiche immer reicher werden …

Auch bei Paulus geht es um neue Worte in einer neuen Welt. Welche Kraft hat das, was er im Orient empfangen hat, im griechisch-römischen Raum? Wie kann sich die Energie der Jesus-Geschichte dort zeigen, wo es so viele Götter wie Lebensbereiche gibt? Und wo der römische Staat seine Vorstellungen von Ordnung und Vermessung der Welt kultiviert? Wie kann die Gotteskraft dort ihre heilsame Wirkung entfalten?

Um wirksam zu sein, brauchen Kraftworte etwas Vertrautes und Fremdes zugleich. Vertrautes, um verstanden zu werden. Und Fremdes, um aufmerksam zu machen. Sie brauchen die Verbindung zu grundlegenden Menschheitsfragen und eine moderne, zeitgemäße Sprache. Und sie müssen zugleich so beschaffen sein, dass sie über sich hinausweisen. Auf die göttliche Dimension, aus der

Leben und Kraft fließen, Zuversicht und Mut. Hier und jetzt.

Unser gegenwärtiges Lebensgefühl prägt mich. Freude und Unsicherheit und Ohnmacht und Hoffnung. Ich freue mich über Freiheit und Sicherheit, ein funktionierendes Gesundheitswesen, wunderbare Urlaube, Beziehungen, die mir guttun und… und… und…

Ich spüre zugleich die großen Unsicherheiten und die Hilflosigkeit angesichts der großen Herausforderungen. Die Corona-Pandemie hat viele Kräfte geraubt. Manches kam ans Licht, wovor wir vorher noch die Augen verschließen konnten. Viele Veränderungsprozesse wurden beschleunigt. Der russische Angriffskrieg gegen die Ukraine hat Ängste und Unsicherheiten, Ohnmacht und Wut zusätzlich aktiviert. Und dann noch die übergroßen Themen der Erwärmung unseres Planeten mit allen Folgen, auch für das Klima unter den Menschen…

In dieser Situation und Gefühlsmischung sind mir Prophetenworte und Paulustexte (und wenige andere aus dem Neuen Testament) zu Kraftworten geworden, zu Quellen, die hier und heute ihre Kraft entfalten. Die Orientierung geben. Und Zuversicht wachsen lassen. Die Freiheit spürbar machen. In uns. Und um uns herum.

Entstanden sind die Texte wie in den ersten beiden Bänden so, dass ich sie in traditioneller Sprache schon lange in mir trage. Mehr oder weniger auswendig und im Herzen. Immer wieder haben sie sich verbunden mit heutigen Herausforderungen. Sie haben sich dazwischen gemischt und auf das aufmerksam gemacht, was in aktuellen Diskussionen oft zu kurz kommt: Woher die Kraft kommen könnte für all die großen Herausforderungen. Was neu zur Quelle werden könnte. Woraus Mut und Hoffnung und Zuversicht fließen. Und Freude.

Es war ein bisschen so, als ob sie freilegen würden, was oft verschüttet wird. Durch die Nachrichten aus aller Welt. Oder aus dem persönlichen Umfeld. Verschüttet durch trübe Gedanken und dunkle Ahnungen. Auf einmal werde ich erinnert. An dieses Prophetenwort oder jenes von Paulus. Auf einmal merke ich, dass es noch etwas anderes gibt. Um mich herum und in mir drin. Mein Herz wird von Ablagerungen befreit und die Freude hat wieder eine

Chance. Die Hoffnung bekommt Kraft. Ich sehe viel klarer und heller und Orientierung stellt sich ein.

Aus diesen Erfahrungen heraus sind neue Worte entstanden aus den alten. Manche habe ich mit Gruppen erprobt und geschärft. Und mich daran gefreut, wenn sie auch für andere zu Kraftworten wurden. Wenn Menschen sich aufgerichtet und Orientierung gefunden haben; wenn sie Mut schöpften, den nächsten Schritt zu gehen; wenn sie Entlastung spürten und Freiheit einatmeten …

Machen Sie Ihre eigenen Erfahrungen. Lassen Sie sich beschenken. Verweilen Sie dort, wo Sie Resonanz spüren. Manchmal ist das nur ein Satz oder ein Wort. Nehmen Sie sich Zeit, wenn sich Ihre Erfahrungen und die Worte aus diesem Buch verbinden: Ihre Ängste und die Ermutigung. Ihr Wunsch nach Entlastung und die Aufrichtung und Freude und Leichtigkeit. Lassen Sie die Lebensquellen dorthin fließen, wo sie gerade besonders nötig sind. Und lassen Sie sie ihre Kraft entfalten.

Erfurt, Januar 2023

Reiner Knieling

Findet uns

Der Boden nicht sicher
die Schritte zaghaft
Wie soll das gehen

Was wollen wir
Was ist gut
und was nicht

Wie finden wir
Orientierung
in wirren Zeiten

Müde geworden
sind viele
Zu viel Gewicht

Zu viel Gewohnheit
Zu viel Kraft
schon verbraucht

Wo ist das Frische
das Leichte
und wie finden wir es

Zuversicht und Mut
wo immer ihr seid
findet uns

Lust, in die Zukunft zu gehen
die hätte ich gerne
Neugier auf das, was kommt

Lebensquelle
Heilkraft
Geistesgegenwart

Kommt mir entgegen
werdet kraftvoll in mir und
in all denen, die sich sehnen wie ich

Inspiriert von Paulus und den Propheten

1000

NACHRICHTEN AM TAG

1000

NACHRICHTEN AM TAG

1000

NACHRICHTEN AM TAG

Ihr habt Orientierung in euch

Tausend Nachrichten am Tag
facebook insta und co
Was soll man noch glauben?
Wer verfolgt welche Interessen?

Was wird gar nicht berichtet?
Oder taucht in meiner Blase
einfach nicht auf?
Was ist richtig, was falsch?

Sucht Orte
wo nicht gleich alles öffentlich ist
Sucht Menschen
die fragen und suchen

nach dem
was wirklich trägt und hilft
was Orientierung gibt
über heute und morgen hinaus

was Kraft und Stärke gibt
sich den Ängsten zu stellen
und all den
Herausforderungen

Ihr habt Orientierung in euch
sucht sie gemeinsam
findet den Grund
der euch trägt

Tief innen
habt ihr doch
eine Ahnung von dem
was gut ist und was nicht

Inspiriert von den Propheten

Wer mir beim Suchen und Finden helfen könnte:

Friedenswille

Einsicht setzt sich durch
Mut wächst
und Tatkraft dazu
Friedenswille wird stark

Wenn sichtbar wird
wie groß die Zerstörung ist
wie falsch die Worte
wie anders die Taten

Wenn das Böse
sich aus der Deckung wagt
sein wahres Gesicht zeigt
und die Masken fallen

Wenn Menschenleben
nichts mehr zählen
Quälen oder Töten
niemand mehr schreckt

WENN IN DER NOT NEUE KRAFT WÄCHST

Einsicht setzt sich durch
Mut wächst
und Tatkraft dazu
Friedenswille wird stark

Plötzlich machen
Einzelne einfach nicht mehr mit
stehlen sich heimlich davon
oder sichtbar vor aller Welt

Verweigern den Befehl
auch wenn sie bezahlen müssen dafür
Die Ersten trifft's hart
dennoch werden es mehr

Irgendwann ist es
nicht mehr aufzuhalten
Die heute Raketen abfeuern
pflanzen morgen Bäume

Kein aggressiver Angriff mehr
Keine Beschönigungsreden
Kein Kirchenfürst
der seinen Segensmantel darüberlegt

Licht und Wärme verbreiten sich
Ein Fundament aus Achtung und Respekt
entsteht

Vertrauen wächst
und Frieden
und Gerechtigkeit

Ressourcen werden geteilt
und Menschen satt
im Bauch und im Herzen

Sie haben neue Lust
zu leben, zu feiern
und zu singen

„Und er wird richten unter den Nationen und zurechtweisen viele Völker. Da werden sie ihre Schwerter zu Pflugscharen machen und ihre Spieße zu Sicheln. Lasst uns wandeln im Licht des HERRN!“ [HERR steht für Jahwe und bedeutet: Ich bin da, gegenwärtig, hier und jetzt, in diesem Moment, an diesem Ort.]

Aus Jesaja 2,4–5, ähnlich Micha 4,3

Hört auf, die Wahrheit zu verdrehen

Ihr sagt Diktatur zur Demokratie
tut so, als ob ihr
nicht äußern dürft, was schiefläuft
nichts beitragen könnt in diesem System

Ihr glaubt denen
die Lügen verbreiten
die selbst nie schuld sind
immer auf andere zeigen

Ihr wünscht euch
einfache Lösungen
und lauft denen nach
die sie versprechen

Hört auf
die Wahrheit zu verdrehen
Böses gut zu nennen
und Gutes böse

Hört auf
euch selbst zu belügen
Unterscheidet die Kräfte
die eure Herzen erfüllen

Lasst euch nicht faszinieren
von der Dunkelheit
Dem Bösen
gebt keine Macht

Verbindet euch mit dem anderen
mit dem, was euch wärmt
euer Herz hell macht
und weit

Verbindet euch
mit Quellen,
die euch und anderen guttun
und der Gesellschaft dazu

„Weh denen, die Böses gut und Gutes böse nennen, die aus Finsternis Licht und aus Licht Finsternis machen, die aus sauer süß und aus süß sauer machen."

Jesaja 5,20

Wenn die Wüste blüht

Wüste um mich herum
ausgetrocknet auch meine Seele
Müde bin ich geworden

Kämpfe
für eine bessere Welt
für ein Klima, das gut ist für alle

Ich will nicht glauben
dass die Erde sich überhitzt
und die Menschen dazu

Aber manchmal
habe ich Angst
Ohnmacht schleicht sich in meine Seele

Ich ahne
wir schaffen das nicht
nicht wir wenigen Gutmeinenden

Ich ahne
es braucht eine größere Kraft
etwas mit wirklicher Macht

Ich ahne
die Kraft muss
geschenkt werden

Eine Kraft
die richtet, neu ausrichtet auf das
was zu tun ist

Eine Kraft, die größer ist
als das
was diesen Planeten zerstört

Und Herzen
zurechtbringt, verändert
erneuert

Diese Ahnung schon
hat eine Kraft
schließt mich an

an die Quelle
die Hoffnung
den Mut

gibt mir Augen dafür
für das
was dem Leben dient

Den Hunger stillt
und das Weltfieber
senkt

Gräben überbrückt
Blicke mit Wohlwollen füllt
und unser Miteinander glücken lässt

Das macht mir Mut
ausgerichtet zu bleiben auf das
was geschenkt wird

Und mich ganz einzubringen
mit der Kraft
die ich habe

Verbunden mit vielen
mit Gott und dem Leben
entlastet, erleichtert, beschenkt

„Die Wüste und Einöde wird frohlocken, und die Steppe wird jubeln und wird blühen wie die Lilien. Sie wird blühen und jubeln in aller Lust und Freude. Stärkt die müden Hände und macht fest die wankenden Knie! Sagt den verzagten Herzen: ‚Seid getrost, fürchtet euch nicht! Seht, da ist euer Gott! Er kommt zur Rache; Gott, der da vergilt, kommt und wird euch helfen.‘ Dann werden die Augen der Blinden aufgetan und die Ohren der Tauben geöffnet werden. Dann wird der Lahme springen wie ein Hirsch, und die Zunge des Stummen wird frohlocken. Denn es werden Wasser in der Wüste hervorbrechen und Ströme im dürren Lande. Und wo es zuvor trocken gewesen ist, sollen Teiche stehen, und wo es dürre gewesen ist, sollen Brunnquellen sein. Freude und Wonne werden sie ergreifen, und Schmerz und Seufzen wird entfliehen.“

Aus Jesaja 35

Ich ahne die Kraft muss geschenkt werden

Meine Kraftquellen – und solche, die es werden könnten:

Schenkt und werdet beschenkt

Verschenkt Trost
und Licht und Wärme
nicht nur im Winter

Nehmt euch in die Arme
Stärkt einander den Rücken
Wartet nicht

Verschenkt, was ihr habt
Ihr werdet selbst
beschenkt werden

Mit Trost
und Wärme
und Licht

Klebt nicht an alten Vorwürfen
Lasst los, was euch entzweit
Sucht, was Vertrauen nährt

Wo immer ihr in Verbindung seid
mit dem, was euch wärmt
und stärkt und aufrichtet

seid ihr verbunden
mit göttlichen Quellen
mit der Gegenwart
mit Gott selbst

„Tröstet, tröstet mein Volk!, spricht euer Gott. Redet mit Jerusalem freundlich und predigt ihr, dass ihre Knechtschaft ein Ende hat, dass ihre Schuld vergeben ist.
Jerusalem, du Freudenbotin, erhebe deine Stimme mit Macht; erhebe sie und fürchte dich nicht!
Sage den Städten Judas: Siehe, da ist euer Gott."

Aus Jesaja 40,1.2.9

Müde

Gottes Geheimnis
ist mit der Vernunft nicht zu vermessen
und doch haben wir eine Ahnung

von der Kraft
Energie und
Stärke

Leben quillt
aus der Quelle
jeden Moment neu

richtet uns auf
lässt uns
wirksam sein

Gottes Geheimnis
will nicht vermessen werden
sondern erlebt

FÜLLT

EUCH MIT STÄRKE, RICHTET EUCH AUF

Richtet euch aus
mit allem
was ist

Übt
aktives
Warten

Oder seufzt einfach
laut oder leise
Bleibt auf jeden Fall dran

Gottes Kraftquelle
fließt schon
in eurem Seufzen

in eurem Schreien
und Ringen
auch wenn ihr es noch nicht merkt

Gottes Kraftquelle
fließt schon
in eure Herzen

füllt euch mit
Stärke
richtet euch auf

Hebt euch nach oben
macht euch leicht
und stark

„Der HERR, der ewige Gott, der die Enden der Erde geschaffen hat, wird nicht müde noch matt, sein Verstand ist unausforschlich. Er gibt dem Müden Kraft und Stärke genug dem Unvermögenden. Jünglinge werden müde und matt, und Männer straucheln und fallen; aber die auf den Herrn harren, kriegen neue Kraft, dass sie auffahren mit Flügeln wie Adler, dass sie laufen und nicht matt werden, dass sie wandeln und nicht müde werden."

Jesaja 40,28–31

Angst

Manchmal bin ich selbst
zu schwach
Angst breitet sich aus

Lässt sich nieder
blockiert mir das Herz
und verstellt meinen Blick

Dann brauche ich eine Stimme von außen:
Hab keine Angst
Du wirst das schaffen

Dann brauche ich jemanden, der mir hilft
wiederzufinden
was noch alles ist

Wozu ich
den Zugang
verlor

Zu Menschen, die für mich einstehen
mich schützen
notfalls auch kämpfen

Die für Gerechtigkeit sorgen
wo ich längst aufgeben
würde

Wenn Angst
mich blockiert
brauche ich jemanden, der mich verbindet

mit einer Kraft, größer als ich
Versteckt
auch in meinem eigenen Herzen:

Hab keine Angst, du bist verbunden
mit dem Leben, das fließt
und der Liebe, die quillt

Mit Menschen
die für Recht sorgen
und für dich eintreten

Und wenn
die Angst wieder kommt
halte dich fest:

Ich bin in dir
und um dich
als Leben, Liebe und Kraft

„Fürchte dich nicht, ich bin mit dir; weiche nicht, denn ich bin dein Gott. Ich stärke dich, ich helfe dir auch, ich halte dich durch die rechte Hand meiner Gerechtigkeit."

Jesaja 41,10

Das geht leider nicht

Das geht leider nicht
Vorschriften, Gesetze, Verordnungen, Regeln
und immer jemand, der sie ausführt

Kontrollieren, prüfen
normieren
sind gewohnte Vorgänge

Behörden und Verwaltungen
arbeiten so

Denkweisen und Akten
haben sich längst
angepasst ans System

Alles andere wäre
zu aufwendig
und anstrengend

Welcher Geist
herrscht in solchen Systemen
Was macht er mit Menschen

Die sonst
gar nicht so sind
so formalistisch normierend

Was macht er
mit neuen Ideen
für die noch kein Formular auffindbar ist

Neues, das sich anfühlt
wie Vertrautes
das wird gefeiert

Was sich anfühlt wie Neues
wunderbar fremd
ein bisschen bedrohlich
mit Ausstrahlung und Faszination
das irritiert in solchen Systemen

Wird nicht beachtet
oder aktiv bekämpft

Und ist doch dringend nötig
für das, was heute gebraucht wird
und morgen

Wer krempelt Behörden um
und Kirchenverwaltungen?
Wer nennt die herrschenden Geister beim Namen?

Wer erlöst die Systeme
und die Menschen in ihnen
die so gut funktionieren?

Gott, erbarme dich!!!

Schütze
was in der Gegenwart trägt
und in der Zukunft gebraucht wird

Schaffe Räume
die Freiheit atmen
und Neues ermöglichen

Räume
die von keiner Verordnung der Welt
verhindert werden

Halte die tausend Verbindungen
zu dir
lebendig und stark

Lass uns dich achten
und nicht die Ordnung
die doch von Menschen gemacht ist

Du sagst: Fürchte dich nicht.
Ich will empfangen
was darin liegt
Schenken, beschenkt werden
teilen und weitergeben

Lass uns gemeinsam Erlösung erleben
in freundliche Augen schauen
unerschrockener werden
aufstehen und Freiraum schaffen
für das, was gebraucht wird

„Fürchte dich nicht, denn ich habe dich erlöst; ich habe dich bei deinem Namen gerufen; du bist mein! Gedenkt nicht an das Frühere und achtet nicht auf das Vorige! Denn siehe, ich will Neues schaffen, jetzt wächst es auf, erkennt ihr's denn nicht?"

Jesaja 43,1.18.19

Meine Resonanzen zu Jesaja …

Zeitfenster

Zur richtigen Zeit
am richtigen Ort
das wäre ich gerne

Wie finde ich das?
Wonach suche ich
eigentlich?

Ich strecke mich aus
öffne Augen und Ohren
Seele und Herz

Ich ahne
da könnte was sein
was ich suche

und noch nicht kenne
Ich werd' es schon merken
wenn ich drauf stoße

Ich weiß
es kann dauern
Suchmaschinen helfen mir nicht

Hinschauen
dem Gespür folgen
wachsam bleiben

Und dann kommt
der Moment
füllt die Zeit und den Ort

Ich tauche ein
werde beschenkt
bin einfach da

Weiß mich
in der Tiefe geliebt
kann mich neu ausrichten

Das hab' ich gesucht
natürlich
auch wenn ich nicht wusste, wie er ist

dieser Moment
der mich findet
und wärmt

„So spricht der HERR: Ich habe dich erhört zur Zeit der Gnade und habe dir am Tag des Heils geholfen."

Jesaja 49,8

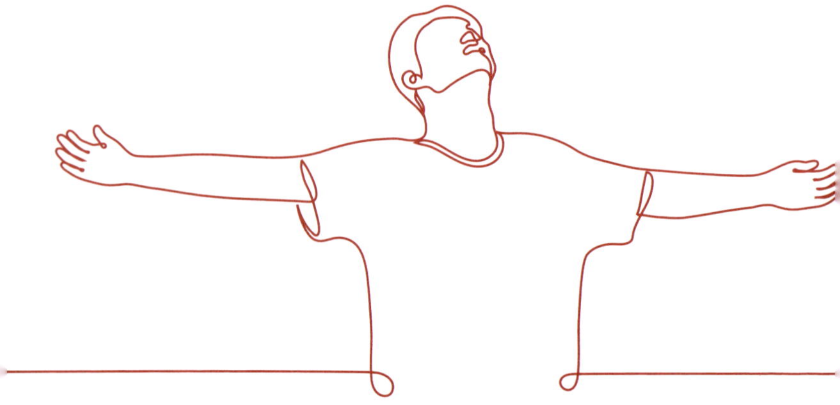

Auf einmal spüre ich

Aufgehoben
in großen Händen
das wäre ich gerne

wenn meine eigene Kraft
mal wieder nicht reicht
wenn der Tag zu anstrengend war

und die Herausforderungen
einfach zu groß
für andere und für mich

Aufgehoben in Händen
die können, was ich nicht kann
das wäre ich gerne

In Händen
die mich halten
wenn ich Angst habe zu versinken

Die Wärme schenken
und loslassen
was mir nicht guttut

Auf einmal spüre ich
Hände
auf meinem Rücken

Die Wärme tut gut
ich spüre
die Kraft

Aufgehoben
bin ich
für den Moment

„Siehe, in die Hände habe ich dich gezeichnet.“

Jesaja 49,16

So lebendig

Gute Stimmung
freundliche Worte
aufrechte Haltungen
und Menschen, die guttun

Das zieht mich an
da gehe ich hin
Tauche ein in den Raum
in die Kraft

Ich lasse mich
mitnehmen
Sauge auf
was ich kann

Treffe Leute
von denen Gutes ausgeht
die schenken
und beschenkt werden

Respekt füllt den Raum
ist überall spürbar
mit Händen zu greifen

Was guttut
ist einfach da
und spricht für sich

„Wie lieblich sind auf den Bergen die Füße des Freudenboten, der da Frieden verkündigt, Gutes predigt, Heil verkündigt, der da sagt zu Zion: Dein Gott ist König."

Jesaja 52,7

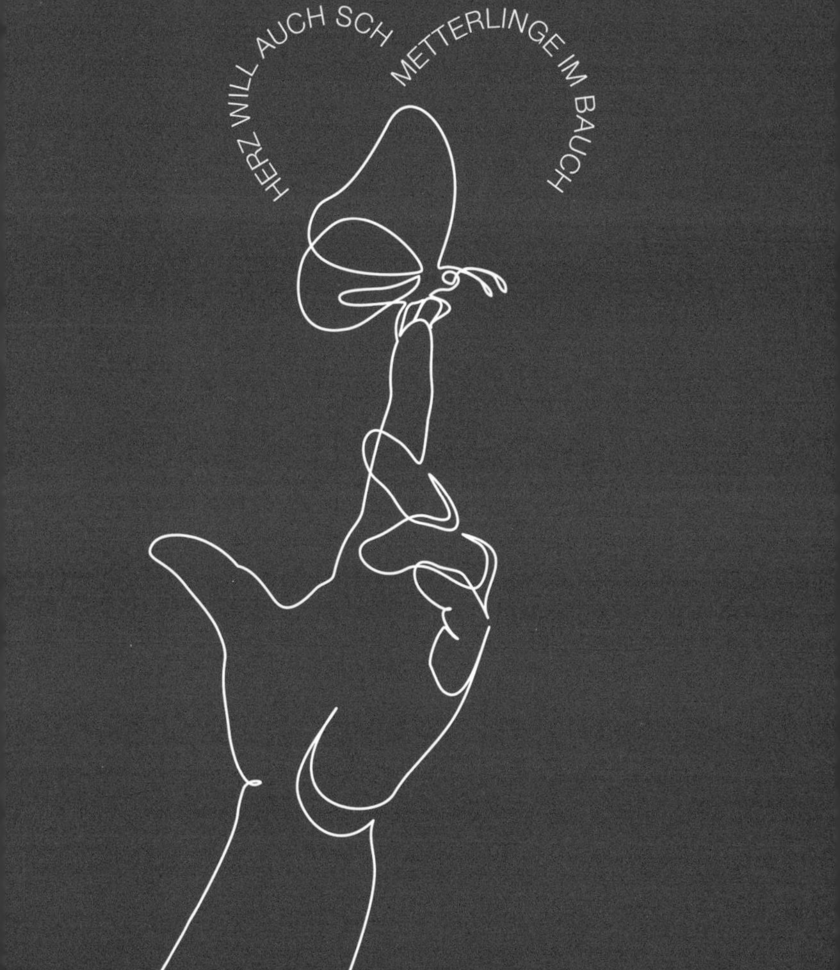
HERZ WILL AUCH SCH
METTERLINGE IM BAUCH

Himmel und Herz

Himmel und Herz
sind unterwegs
Zufallsbegegnung

Blicke treffen sich
es knistert
Himmel sucht Herz

Herz will auch
Schmetterlinge im Bauch
erster Kuss

Himmel im Herzen brauchen die
die von allen guten Geistern
verlassen wurden

Die das Böse anschauen mussten
und fast in der Hölle
waren

Ihre Herzen
brauchen Himmel und Liebe
und Wärme und Mut

Gott wohnt in denen
die ihren Mut gerade
verloren haben

Gott wohnt in denen
die einfach nicht mehr
können

Gott wohnt in denen
deren Herz sich gerade
verkapselt

Gott wohnt dort
wo andere längst ausgezogen sind
und verströmt Wärme und Mut

„Ich wohne in der Höhe und im Heiligtum und bei denen, die zerschlagenen und demütigen Geistes sind, auf dass ich erquicke den Geist der Gedemütigten und das Herz der Zerschlagenen."

Jesaja 57,15

Nicht suchen und doch finden

Es platzt
einfach herein
Ist plötzlich da

Ich bin beschäftigt
mit dem
was alles getan werden muss

Ich hatte gar nicht
danach gefragt
Es taucht einfach auf

Ich krieg es nicht los
Abschütteln
scheint sinnlos zu sein

Was ist das?
Ich kenne es
und kenne es nicht

Vertraut ist es
und gleichzeitig
fremd

Wer hilft mir
mich zu verstehen
Sind es Einbildungen

Oder gibt es sie wirklich
diese
andere Dimension

die Wissenschaft und
Vernunft so wenig
erkunden

Ich brauche Leute
die diese Welt kennen
Etwas von ihrer Sprache verstehen

Meine Neugier ist geweckt
und mein Interesse
Vielleicht gerade
weil ich bisher
keine Berührung hatte damit

„Ich ließ mich suchen von denen, die nicht nach mir fragten, ich ließ mich finden von denen, die mich nicht suchten … Und es soll geschehen: Ehe sie rufen, will ich antworten; wenn sie noch reden, will ich hören."

Jesaja 65,1+24

Wonach sehnt sich mein Herz?

Heile du mich

Manche Wunden heilen
gleich wieder
andere sind lange zu spüren

In der Tiefe der Seele
bleibt der Schmerz
die Narbe im Inneren

Dafür braucht es eine
größere, tiefere
feinere Energie

die ihre Heilkraft verströmt
wo der Schmerz seine
Wurzel hat

Manchmal
braucht es Gott selbst
seine heilenden Hände
für den Schmerz meiner Seele

Heile mich, Gott
gegenwärtige Kraft
in mir wirkst du
und um mich herum

„Heile du mich, Gott, so werde ich heil;
hilf du mir, so ist mir geholfen."

Jeremia 17,14

Es umgibt mich
durchdringt mich

Geliebt

Am Anfang
war es nur eine Ahnung
Da ist doch noch mehr
neben der Kälte
die sich gerade breitmacht

Es hat mich gefunden
Mehr und mehr
habe ich davon gespürt

Da ist etwas
das mir guttut
mich aufbaut und trägt

Da ist etwas
das mir Halt gibt
mich aufhebt und wärmt

Größer als meine Sinne
viel größer
weiter als meine Sicht
tiefer als mein Gespür
viel tiefer

Es umgibt mich
durchdringt mich
wärmt mir das Herz
und die Haut
Geheimnis der Liebe

Ich gebe und nehme
strecke mich aus
und werde berührt
spüre die Kraft
die mich durchströmt

Eine Urkraft
längst vor mir da
in den Tiefen
des Alls
und in meiner Welt

Liebe so groß
so umfassend schön
Göttliche Liebe
hat mich gefunden
gelockt und gezogen

Großes Geschenk
diese Liebe
die mir so guttut
mich nährt
und mich hält

„Ich habe dich je und je geliebt, darum habe ich dich zu mir gezogen aus lauter Güte."

Jeremia 31,3

Mein Gebet heute und hier:

Gottes Weg in meinem Herzen

So viele Stimmen
in meinem Herzen
Wo höre ich hin?
Wem leih' ich mein Ohr?

Manche machen
ein großes Geschrei
sind laut
und drängen sich vor

Andere höre ich kaum
ahne nur
dass auch sie
etwas sagen

Aber laut
oder leise
das sagt doch nichts
über Güte und Qualität

Wie find' ich
heraus
was gut ist
was nicht

Vielleicht ist es
gar nicht so schwer
Vielleicht brauche ich
einfach nur Zeit

Warten, bis die Schreihälse
nicht mehr können
Bis leise Töne
ihre Chance haben

Ich hab' doch Gespür
für das
was mir guttut
und das, was mir schadet

Ich muss Zeit haben
zum Hören
und Fühlen
und Spüren

Ich suche die Quellen
will mich verbinden
Anschluss gewinnen
an den Mut und die Liebe

Je besser die
Quellen fließen in mir
desto weniger füllen mich
Trübsinn und Angst

Sonne und Licht
finden und wärmen
mich
richten mich auf

„Ich will mein Gesetz in ihr Herz geben und in ihren Sinn schreiben, und sie sollen mein Volk sein, und ich will ihr Gott sein."

Jeremia 31,33, ähnlich Hesekiel 11,19

Was ist mit euch los?

Was ist mit euch los?
Ihr macht
was man macht
fragt nicht mehr, warum
und wozu

Fast unmerklich
treibt ihr weg
von dem
was dem Leben dient
was euch und andere nährt

Wann habt ihr zuletzt
Menschen gestärkt
die geschwächt waren
durch Erniedrigung
und Gewalt

Wann habt ihr zuletzt
Wunden verbunden
Hände gehalten
Suppe gekocht
Trost verströmt

Wann habt ihr zuletzt
nach denen gesucht
die sich verloren haben
irgendwo draußen
oder in ihrem eigenen Sumpf

Was wirklich stark ist
und Kraft gibt
Halt und Trost
macht euch Angst
weil es so anders ist als ihr selbst

Ihr haltet das Gute nicht aus
und macht es kaputt
Ihr meint
so seid ihr größer
und stärker

Ihr seht nicht
wie schwach ihr
in Wirklichkeit seid
und wie jämmerlich
für all die, die hinter die Fassade schauen

Hört auf
euch selbst
abzuschneiden
von den Quellen, die euch guttun würden
von göttlichem Leben, von Sehnsucht und Kraft

„Das Schwache stärkt ihr nicht, und das Kranke heilt ihr nicht, das Verwundete verbindet ihr nicht, das Verirrte holt ihr nicht zurück, und das Verlorene sucht ihr nicht; das Starke aber tretet ihr nieder mit Gewalt."

Hesekiel 34,4

Göttliche Energie behält ihre Wirkung

Göttliche Energie
behält ihre Art und ihre Wirkung
bringt Gutes hervor
Liebe und Leben
Heil für die Wunden

Kann mir das helfen
mich besser zu klären
sortieren
was alles rumort
in mir drin

Finden
wofür sich mein Leben lohnt
was Sinn stiftet
für andere und für mich
Das möchte ich gerne

Ich treffe Menschen
die suchen
die feinhörig sind
durchlässig
für die göttliche Stimme

Ich höre Worte
die das verdichten
was Menschen erleben
von Generation
zu Generation:

Gott sucht die Herzen derer
die sich verlieren
in einer unübersichtlichen Welt
und in den
eigenen Gefühlen

Gott lebt in den Wunden
die schmerzen und heilen
in allem
was schwach ist
als Kraft

Gott wohnt in den Starken
all denen
die Verantwortung übernehmen
sich einsetzen
für sich und die Welt

Göttliche Energie
behält ihre Art und ihre Wirkung
bringt Gutes hervor
Liebe und Leben
Heil für die Wunden

Darauf richt' ich mich aus
auch wenn ich zweifle
manchmal
Ich komme nicht los
Gott selbst bringt sich ins Spiel

Ich finde
wofür sich mein Leben lohnt
was Sinn stiftet
für andere und
für mich

„Ich will das Verlorene wieder suchen und das Verirrte zurückbringen und das Verwundete verbinden und das Schwache stärken und, was fett und stark ist, behüten; ich will sie weiden, wie es recht ist."

Hesekiel 34,16

Ihr singt so schön und missbraucht

Ihr singt so schön
im Chor
und missbraucht
so viel guten Willen
so viel Hingabe und Einsatz

Ideen abgreifen
andere ausnutzen
das könnt ihr gut
und diejenigen ausgrenzen
die etwas Eigenes haben und können

Wer zu groß wird
herausragt
wird
kurzerhand
einen Kopf kleiner gemacht

Ihr prüft
stutzt
kontrolliert
und erfüllt
eure Bestimmungen

Wo kommen wir hin
wenn Menschen
einfach ihre Bestimmung leben
sich einsetzen für wahres Leben
für göttliche Quellen

Wo kämen wir hin
wenn manches Land
fruchtbar wäre
und anderes trocken
öde und leer

Nur keine Präzedenzfälle
schaffen
Lieber bei dem bleiben
was ist
Sicher ist sicher

Gottesdienste feiern
und Synoden abhalten
wie immer
als ob die Wirklichkeit
nicht längst eine andere wäre

Ihr gedenkt wieder und wieder
und sagt
das sei wichtig
Ihr redet von Reformation
nur verändern wollt ihr euch nicht

Eure Lieder schreien zum Himmel
Ich kann's nicht mehr hören
Eure lieblichen Stimmen
vergiftete Harmonien
eure Musik tut mir weh

Am Sonntag sprecht ihr von Liebe
von Würde und von Respekt
Am Montag lasst ihr
dem Übel
freien Lauf

Die euch um Hilfe bitten
beachtet ihr nicht oder
weist sie zurück
„Da kann man
nichts machen“

Ihr macht Menschen zu Opfern
mit euren Taten
und erwartet Vergebung
Wie sich’s gehört
unter anständigen Menschen

Als ob euer
Unrecht
nicht klar wäre
Offensichtlich für alle
die sehen

„Da kann man nichts machen“
heißt doch:
Niemand
übernimmt die
Verantwortung

Als ob alles
einfach so
vor sich hinsteuert
Die Macht
die ihr habt

lässt sich
herrlich verstecken
hinter Verordnungen
und Gremien
mit ihren Mehrheiten

„Da kann man
nichts machen“
ist euer Bekenntnis
euer Versteck
euer Gott

Merkt ihr nicht
wie ihr aushöhlt
was euch früher mal
wichtig war
und wofür ihr immer noch steht

Ihr macht alles
kaputt
Eure Glaubwürdigkeit
das Vertrauen
den letzten Rest Anstand

„Da kann man nichts machen“

Ich kann’s nicht mehr hören
Ihr könnt etwas machen
Leute
Ich sag’ euch auch
was

Hört auf
zu singen
Redet nicht mehr
über Liebe
und über Respekt

Ändert
euer Verhalten
Bereut
was ihr tut
und sagt es den Opfern

Entgiftet den Boden
Und dann
wartet
bis wieder Vertrauen wächst
und neue Lieder entstehen

Gott spricht: „Ich hasse und verachte eure Feste und mag eure Versammlungen nicht riechen – es sei denn, ihr bringt mir rechte Brandopfer dar –, und an euren Speisopfern habe ich kein Gefallen, und euer fettes Schlachtopfer sehe ich nicht an. Tu weg von mir das Geplärr deiner Lieder; denn ich mag dein Harfenspiel nicht hören! Es ströme aber das Recht wie Wasser und die Gerechtigkeit wie ein nie versiegender Bach.“

Amos 5,21–24

„DA KANN MAN NICHTS MACHEN!“
„Da kann man nichts machen.“
„Da kann man nichts machen!‘
„Da kann man *nichts* machen...“
„Ihr könnt etwas machen.“
„DA KANN MAN NICHTS MACHEN!“
„Da kann man nichts machen...“

Diese Missstände nehme ich wahr:

____

____

____

Das will ich ansprechen:

____

____

____

Diese Unterstützung brauche ich, um die richtigen Worte zu finden, den passenden Zeitpunkt, eine hilfreiche Haltung:

____

____

____

Wissen, worauf Verlass ist

Der Gegenwärtige mischte sich
in seine inneren Stimmen
Und er hörte
dem Einen zu:

Ich bin da
mit dir unterwegs
Schritt für Schritt
auch dann, wenn es stockt

Ich bin da
mit dir unterwegs
Wohin du auch kommst
auf wen du auch triffst

Zweifel und Ängste
haben wieder und wieder
gestichelt
und manchmal gebrüllt

Doch tief innen
wusste er
worauf Verlass ist
Vertrauen war schon geweckt

Es konnte wachsen
hat Früchte gebracht
Über das eigene Leben hinaus
hat es Ohren und Sinne geöffnet

Recht und Gerechtigkeit
entstehen nicht einfach so
Es braucht Menschen
mit Rückgrat und Augenmaß

Menschen, die
ihr Miteinander schätzen
sich von Respekt leiten lassen
Spirituelles Leben achten und ehren

Werde Teil davon
Lass dich anstecken
von Vertrauen und Mut
Lass Früchte wachsen über dein Leben hinaus

„Abraham hat Gott geglaubt, und das wurde ihm zur Gerechtigkeit gerechnet."

Römer 4,3 (Genesis 15,6 – Dieser Text ist als Verbindung beider Testamente hier platziert.)

Es konnte wachsen –hat Früchte gebracht.

So verkörpert sich Gott

Ein Herz voller Liebe
wahr bis auf den Grund
ehrlich in jeder Faser
So verkörpert sich Gott

Tränen erlösen
Gott fließt in ihnen
als Kraft
die befreit

Lachen steckt an
Gott tanzt mit uns mit
belebt und
schenkt Energie

Ein Herz voller Liebe
wahr bis auf den Grund
voller Erbarmen und Wärme
So verkörpert sich Gott

Göttlicher Glanz
in Jesus verdichtet
menschlich, armselig manchmal
und doch schön

Göttlicher Glanz
auch in uns
verborgen
und kraftvoll und hell

„In keinem andern ist das Heil, auch ist kein andrer Name unter dem Himmel den Menschen gegeben, durch den wir sollen selig werden.“

Apostelgeschichte 4,12

Wir in Gott

Wir leben
so vor uns hin
Tag für Tag

Fragen nicht
wer uns mit
Leben versorgt

Was uns aufstehen lässt
mit Tatkraft füllt
und mit Lust

Was ist dieses Geheimnis
aus dem wir leben
wir alle

Was ist das Leben
das uns geschenkt ist
Woher kommen Zumutung und Mut

Wir nennen es Universum
Quelle des Lebens
göttliche Kraft

Sind mehr verbunden
als unser Verstand weiß
auch wenn wir's gerade nicht spüren

In Gott, dem Geheimnis des Lebens
werden die Fäden verwoben
die unser Leben bunt machen und reich

Wir vergessen es oft
so selbstverständlich ist das
Gut, wenn uns jemand erinnert

„In ihm leben, weben und sind wir."

Apostelgeschichte 17,28

Gute Worte werden dich finden

Die Welt ist so laut
Ich kann mich nicht hören
verstehe nicht
was los ist in mir

Wer bringt mir
die Orientierung zurück
Was beruhigt
den Aufruhr in mir

Gute Worte
habe ich
lange nicht mehr
gehört

Wo sind sie geblieben
Sind sie zu leise
oder einfach verdunstet
Mein Herz hört sie nicht mehr

Wie find' ich sie wieder
Worte
die guttun und Halt geben
Orientierung und Kraft

Ich suche die Stille
das Leise
Der Aufruhr in mir
ist erst einmal laut

Ich lasse ihn sein
Werde bereit
auf seine Stimme
zu hören

Und auf das
was sonst wichtig sein könnte
Schweigen
Stille

Irgendwo
irgendwann
eine Stimme

Zart
leise
und klar:

Sie werden dich finden
die Worte
die dich erlösen

die Kräfte hervorbringen
Orientierung
und Mut

Du bist schon dabei
neu zu empfangen
Halte still, höre hin

Lass dich finden
von Worten
die du jetzt brauchst

Lass sie einsickern
und wirken
Nimm dir Zeit

Hab Geduld
Vertrauen kann wachsen
und Heilkraft und Mut

*„Ich schäme mich des Evangeliums nicht;
denn es ist eine Kraft Gottes, die selig macht alle,
die glauben, die Juden zuerst und ebenso die
Griechen."*

Römer 1,16

Von göttlicher Liebe erfüllt

Den Brunnen
die Quelle
in allem suchen

ist Geheimnis
Verbindung
und Kraft

Durchhalten
wenn das Leben zu schwer
auf uns lastet

Würde wahren
wenn andere sie mit
Füßen treten

Rückgrat behalten
wenn andere es brechen
fies und gemein

Den göttlichen Brunnen
in allem suchen
und daraus trinken

Eintauchen in diese Art Liebe
beschenkt werden
und Mut wachsen lassen

Das alles
kann man nicht machen
mit Bestellknopf und so

Suchen und Finden
treffen sich
in unserem Herzen

Suchen und Finden
kommen aus uns
und sind zugleich ein Geschenk

Von göttlicher Liebe
berührt werden
erfüllt sein

das passiert
immer wieder
Deshalb bleibe ich dran

Am Brunnen
und an der Quelle
der Sehnsucht in mir

„Nicht allein aber das, sondern wir rühmen uns auch der Bedrängnisse, weil wir wissen, dass Bedrängnis Geduld bringt, Geduld aber Bewährung, Bewährung aber Hoffnung, Hoffnung aber lässt uns nicht zuschanden werden. Denn die Liebe Gottes ist ausgegossen in unsere Herzen durch den Heiligen Geist, der uns gegeben ist."

Römer 5,3–5

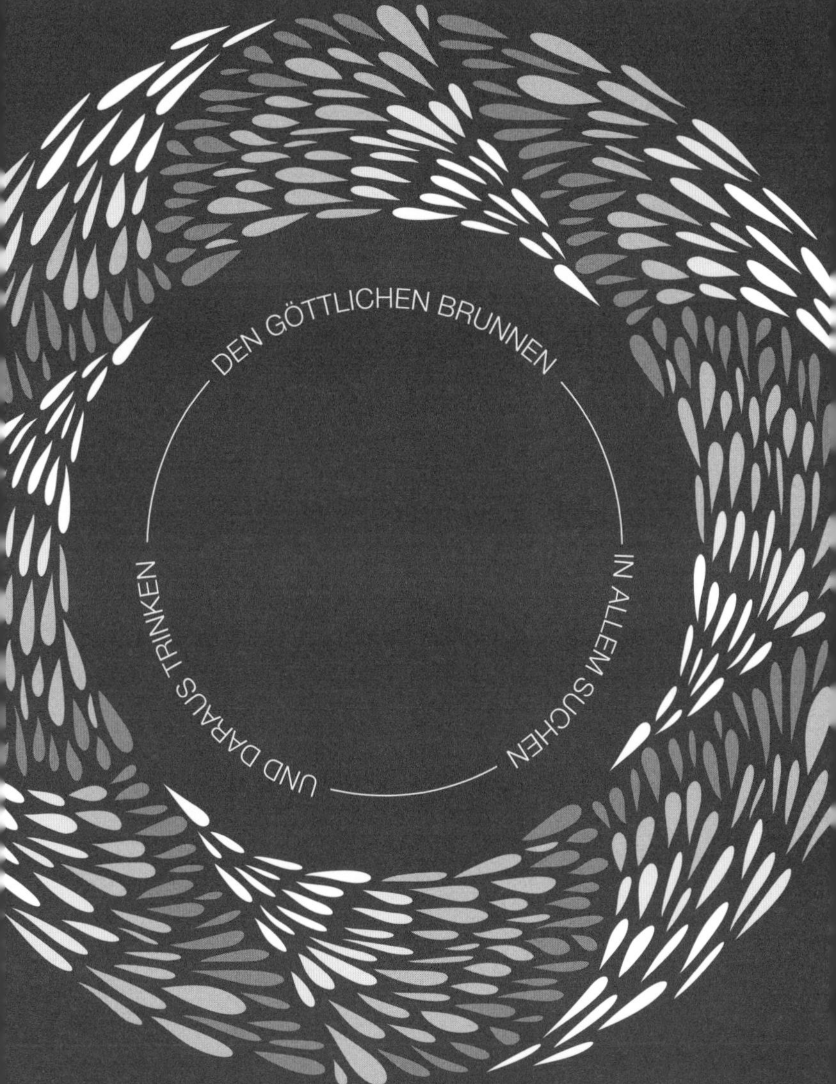
DEN GÖTTLICHEN BRUNNEN
IN ALLEM SUCHEN
UND DARAUS TRINKEN

Gotteskraft richtet auf

Gotteskraft richtet auf
lässt uns durchatmen
macht uns frei von dem
was gefangen nimmt

Sie verbindet uns mit dem Leben
ein Leben
das sicher ist vor dem Tod
und frei von Bosheit, Schrecken oder Gewalt

Das Böse wird nicht durch Anstrengung überwunden
Nicht durch den Versuch, ein guter Mensch zu sein
Nicht durch Steigerung des Guten
oder durch schlechtes Gewissen

Das Böse wird durch Widerstandskraft überwunden
Durch Energie der anderen Art
ganz ohne Gewalt
genährt durch die Ressourcen des Lebens

Das Böse wird durch Gottes
heilsame Kraft überwunden
Durch seine Art, einzutauchen und durchzuhalten
zu verwandeln und aufzurichten

Keine Versuchung ist ihm fremd
Stacheln bohren sich in seine Haut
Gemein und brutal
entsetzlich grausam können Menschen sein

Gott hält es aus und lässt neues Leben aufstehen
Damit sind wir verbunden
richten uns aus
geben der Gotteskraft Raum

Leben entsteht
ganz ohne Rache und ohne Gewalt
Friedenskräfte breiten sich aus
Wunden heilen
Verbundenheit wächst

Römer 8,1–4

Lasst euch nicht faszinieren

Lasst euch nicht faszinieren
von Gewalt und schlechten Nachrichten
vom Tod und seinen tödlichen Regeln

Liefert euch nicht den Strukturen aus
und ihrer Gewalt
Lasst euch nicht mehr missbrauchen
von niemandem

Ihr seid angeschlossen an eine andere Kraft
Göttliches, das niemand zerstören kann
Darauf richtet euch aus

Gerade dort
wo Böses besonders bösartig erscheint
und der Tod um sich greift

Dort sucht Gottes Geist
Lasst euch verbinden
und Lebenskraft fließen

Römer 8,5–13

Angstgeist und Kindgeist

Der Angstgeist
ist nicht von Gott
Der Kindgeist ist von ihm

Im Kindgeist seid unterwegs:
Spielen und neugierig sein
Sich hingeben an den Moment
dem Leben in die Arme springen

Kindlich
sagen wir:
Abba, Mama, Papa

Pures Vertrauen bist du
Aufgehoben sind wir
in dir

Römer 8,14–17

Was sagt mein Kindgeist?
Wie kann er freier und mutiger werden?

Im Verborgenen die Sehnsucht

Noch ist die Not groß
das Seufzen leise
und das Schreien laut

Die Welt ist gefangen
verängstigt
blockiert

Doch im Verborgenen
ist die Sehnsucht wach
auch in uns

Die Hoffnung
auf Stärke und Freiraum
Lachen und Lust

Göttlicher Geist betet in uns
wenn uns die Worte
abhandengekommen sind

Gottes Geist
hält die Glut
in uns wach

Gewissheit entsteht
Nichts kann uns wegreißen
von dieser Kraft

Mögen Kriegsherren
uns einreden
es gehe um Macht und Gewalt

Mögen Materialisten
glauben
diese göttliche Tiefe gebe es nicht

Möge die Kurzsicht
flüstern
Gottes Kraft sei zu klein

Mögen Selbstzweifel
meinen
wir seien all das nicht wert

Wer will uns wegreißen von Gott
Von seiner Liebe
Herzwärme und Kraft

Manchmal überfällt mich die Angst
Manchmal fehlt mir die Luft
und der Mut

Aber göttliche Kraft ist stärker
größer und
tiefer

Sie ist da in jedem Moment
auch wenn ich weg bin
manchmal

Gottes Sehnsucht
findet mich wieder
Gewissheit wächst:

Kein Tod und kein Leben
kann uns herausreißen
aus göttlichem Sein

Nichts kann göttliche Liebe
um uns und in uns
vernichten

Kein Himmel, kein Abgrund
ist stärker als
Gottes Sehnen in uns

Nichts, nichts, nichts
kann uns wegreißen
von solcher Lebensliebe

Verdichtet in diesem Moment
in Jesus und
in unseren Herzen

Unglaubliche
Gott-Mensch-Durchdringung

Römer 8,18–39

Meine Resonanz zu Römer 8:

Vertrauen

Was lässt mich vertrauen?
Was brauche ich
um es zu wagen?

Was muss geschehen
damit es anfängt, aufkeimt
vielleicht sogar wächst?

Wie erreicht mich Vertrauen
überrascht mich
weckt neue Sinne
in mir?

Vertrauen kann ich verschenken
und es wird mir geschenkt
Jeder Tag lässt mich atmen
weckt Sinne, Gefühle und
den Verstand

Im Leben
liegt so viel Treue
so viel Heilsames
so vieles
das stärkt

Christus in
unzähligen Menschen
lebendig –
rund um den Globus
und in meiner Welt

Herzohren brauche ich
offene Sinne
für dieses Geschenk

So wächst Vertrauen
ins Leben
in Gott und die Welt

*„So kommt der Glaube aus der Predigt,
die Predigt [wörtlich: aus dem Hören, das Hören]
aber aus dem Wort Christi."*

Römer 10,17

Lasst euch fließen

Lernt
euch hinzugeben
an etwas, das guttut
an heilsame Kräfte
einen liebenden Gott

Ohne Hingabe
werdet ihr krank
verliert euren Sinn
und die Herzenergie
verglüht irgendwann

Lasst schlechte Erfahrungen
nicht länger herrschen
Gebt keine Macht mehr
denen, die bösartig waren,
feindselig und kalt

Worum ihr euch dreht
das wickelt euch
ein

Gebt euch
dem Göttlichen hin
dem Guten
und dem, was hilft

Taucht in die Liebe ein
Saugt sie auf
Lasst Wunden heilen
und Kräfte wachsen

Lasst euch
fließen
beschenken
glücklich machen

Römer 12,1–3

Taucht ein

Wenn ihr es in euch
nicht findet
dann sucht es woanders

Sucht Orte
von denen gute Gerüchte ausgehen
wo Menschen auftanken
und Kraft finden

Findet Plätze
wo es Hoffnung gibt
ganz offensichtlich
oder versteckt

Geht dorthin
wo die Hoffnung
euch finden könnte
anstecken, entzünden

Taucht ein
lasst euer Herz wieder füllen
stimmt ein in die Lieder
singt einfach mit

Das stärkt euch
für euren Weg
auch dann
wenn es mühsam wird
oder schwer

Richtet euch aus auf die Quelle
auf die Hoffnung
auf göttliche Energie

Mit ihr bleibt verbunden
im Herzen
und im Gebet

Sucht sie immer wieder
die Orte
die euch Kraft geben und nähren

Lasst die Glut nicht verlöschen
Wärmt euch dort, wo das Feuer brennt

„Seid fröhlich in Hoffnung, geduldig in Trübsal, beharrlich im Gebet."

Römer 12,12

Im Schenken werd' ich beschenkt

Gott, du sehnst dich
nach uns
nach mir
nach der Welt

Liebe verströmst du
und Frieden
Wer eintaucht
wird davon berührt

Deine Wärme geht unter die Haut
lockert auch das
was sich schon länger
verhärtet hat

Wer eintaucht
wird leichter, kann schwimmen
loslassen
was ihn beschwert

Wer sich einlässt auf dich
wird von Freiheit umgeben
das Atmen geht leichter
Luft, die uns guttut, füllt unsere Lungen

Was verbraucht ist
kann schwinden
verflüchtigt sich mit
jedem Ausatmen mehr

Mehr und mehr
werd' ich das, was ich sein möchte
richte mich auf
kann wieder gehen

Gutes tun
mich dem Bösen in den Weg stellen
Eintreten für Recht
und Gerechtigkeit

Im Schenken werd' ich
beschenkt
im Eintreten für die Freiheit
frei

Göttliches fließt in der Welt
ich bin dabei
verbunden
mit heilsamer Kraft

Gott, du bist da
heute und hier
in diesem Moment
Von Herzen danke ich dir

Resonanzgebet zum Römerbrief

Im Schenken
werd' ich
beschenkt

Skandalkräfte

Wer sich abkoppelt
von Schwäche und Ohnmacht
verliert am Ende
die Welt und
sich selbst

Wer sich einlässt
auf das
was schwach ist
in uns und in anderen
erlebt Kräfte von woanders her

Wird berührt
von all dem Zerbrechlichen
in der Welt

Von den Kräften
in den vielen
Rissen und Zwischenräumen

Kräfte
ohne Gewalt
und voller Mut
göttliche Kräfte

Weisheit
die davon geprägt ist
hat Kraft

Vernunft
die das im Blick hat
ist wirksam und hilfreich

Doch wo sind die wirklich Klugen
die die heiligen Schriften
als Lebensquellen erschließen

Wo sind die
die wirklich weise sind
und der Welt guttun

Menschen wissen so viel
und erkennen Gott nicht
weil sie ihn nicht hier und jetzt suchen

Nicht in der Welt, die sie umgibt
nicht in der Not der Natur
nicht in den Schreien der Gequälten
nicht in den Grenzen der Angepassten
nicht im eigenen Herzen

Menschen
erkennen Gott nicht
weil sie ihn nicht dort suchen
wo er sich zeigt

„Skandal" schreien die einen
und wollen
dass Gott sich durchsetzt
und andere niedermacht
So muss Gott sein, meinen sie

„Dummheit“ rufen die anderen
Sie wollen ihr Ideal
nicht verlieren
Gott glänzt doch, sagen sie
Schmerz, Dreck und Geschrei passen da nicht

Wer aber in der Tiefe erfasst wird
erkennt die Kraft
Verborgen

im Leiden
im Schmerz
in Jesus
in uns

Göttliches Licht
dort
wo es dunkel ist

1. Korinther 1,18–25

Allen zugute

Wo immer göttliche Geistkraft wirkt
ist sie nicht auf Einzelne begrenzt
verbindet
mit anderen und der Vielfalt des Lebens
mit dem Kosmos und der Natur

Sie lässt Weisheit fließen
und Gottvertrauen wachsen
und die Gemeinschaft als Ganzes profitiert

Göttliche Geistkraft
verwandelt Herzen
auch dort
wo es keiner geglaubt hat

Öffnet die Augen
für verborgene Heilkräfte
Macht die Sinne wach
für alles Heillose

Göttlicher Geist
sprengt alles Sprachliche
und lässt tiefere Schichten erklingen
Die Gemeinschaft gewinnt

Die Quelle fließt
Vielfältig wirkt die Kraft

Können alle besonders gut sehen
auch hinter das Sichtbare
bis zu Gottes Geheimnis
aus dem alles kommt, in dem alles verbunden ist

Können alle die Spur sehen
die in die Zukunft führt
die Richtung
aus der göttlicher Ruf kommt

Haben alle den Mut
voranzugehen
und den Weg zu erkunden
Können alle besonders gut Entscheidungen treffen

Erkundet
was eures ist
eure Kraft, eure Gabe
das Geschenk eures Lebens

Bringt euren Teil ein
nicht mehr und nicht weniger
und lasst euch beschenken
von anderen, von ihren Gaben

Richtet euch
auf das Geheimnis aus
das im Ganzen verborgen ist
und allen dient

1. Korinther 12,7–11.28–31

Christuskörper

Spürt euren Körper

Spürt den Kopf und den Hals
die Arme und Hände
die Brust und den Bauch
den Rücken, das Becken
die Beine und Füße, auf denen ihr steht

Nehmt wahr, was euch ausmacht
Spürt euch als Ganzes
Was ihr verkörpert
als Mensch
als Person

Wir sind ich
und Teil eines Größeren
eines Ganzen
das uns umgibt
und ergreift

Gott verkörpert und
verbindet sich mit uns
Zellulär, energetisch, sinnlich
dafür steht Christus

Ganz gleich, wo wir herkommen
ganz gleich, was uns geprägt und gefehlt hat
ganz gleich, wie mächtig oder abhängig wir sind

Brot und Wein nähren uns
Lebenswasser verbindet
Alle gehören dazu
Alle werden gebraucht

Wenn alles Auge wäre
wo bliebe das Hören
Wenn alle nur hören
wo bliebe das Riechen

Was für ein Unsinn
wenn der Kopf
ohne Füße
in dieser Welt stehen will

Alle werden gebraucht
auch die, die scheinbar keine Bedeutung haben
oder für die wir uns schämen
Ihnen schenken wir besonderen Respekt

Dann ist das Ganze lebendig
Energie fließt und vitalisiert
Aktion und Entspannung spielen zusammen
Dynamik und Ruhe stärken den Rücken

Wo immer Leiden sich breit macht
wachsen Verbundenheit
und Unterstützung

Wo immer Achtung und Respekt aufblühen
freuen sich die anderen mit
Ehre für alle

Feier des Lebens
Ihr seid im Ganzen
Jede und jeder
alle verbunden
in Gottes Geheimnis **1. Korinther 12,12–27**

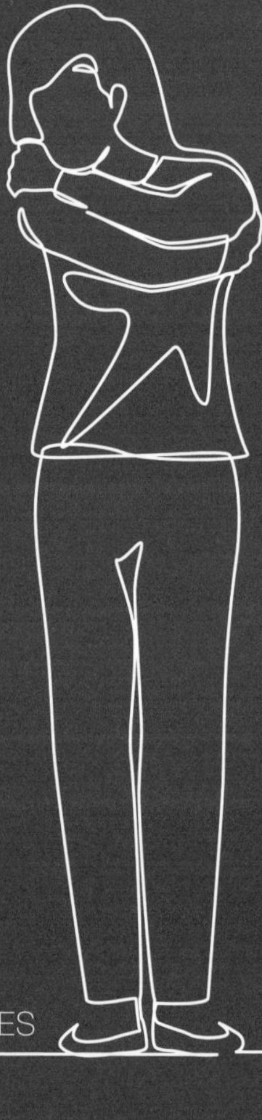

SPÜRT EUCH ALS GANZES

Da fühle ich mich aufgehoben, verbunden, geborgen:

Danach sehne ich mich:

Zart und kraftvoll

Wenn ich alle Sprachen beherrsche
gekonnt formuliere und druckreif spreche
und nicht von Liebe durchdrungen bin
klingt alles leer und hohl
wie eine gesprungene Schüssel

Wenn ich das Wesen der Welt verstehe
bis in das göttliche Geheimnis vordringe
und mit meinem Glauben Berge versetze
und nicht von Liebe erfasst bin
bin ich nichts

Wenn ich all meinen Besitz verschenke
oder mich selbst zum Opfer mache
und nicht von Liebe bewegt bin
dann erreiche ich nichts

Liebe macht kein Gewese
Show und Performance sind
nicht so wichtig

Liebe lässt sich im Herzen
nicht wirklich vergiften
Ärger und Wut wurzeln nicht fest

Liebe richtet auf
Lässt Mut wachsen und Widerstandskraft
Erträgt, was nicht anders geht

Liebe ist ohne Ende
zart und kraftvoll
ansteckend schön

Göttliche Energie
verströmt sich
verwandelt die Welt

Sie wird sich durchsetzen
trotz allem
gewiss

1. Korinther 13

LIEFDE DASHURI SEVGI LJUBAV MILOVAT RAKKAUS LIEBE ALO
CINTA GRÁ AMOR KJÆRLIGHET LJUBEZEN KÄRLEK LOVE PA
IBIG CINTA MAITASUNA LJUBAVI AMO ARMASTUS LEAFDE LANM
SOYAYYA SZERETET ÁST KATRESNAN EVÎN LÉIFT FITIAVANA ARO
CHIKONDI DRAGOSTE ALOFA GHAOIL LERATO RUDO LÁS
JACAYL BOGOH UPENDO SEVGI CARIAD UTHANDO IFE UTHAN
LIEFDE DASHURI SEVGI LJUBAV MILOVAT RAKKAUS LIEBE ALO
CINTA GRÁ AMOR KJÆRLIGHET LJUBEZEN KÄRLEK LOVE PA
IBIG CINTA MAITASUNA LJUBAVI AMO ARMASTUS LEAFDE LANM
SOYAYYA SZERETET ÁST KATRESNAN EVÎN LÉIFT FITIAVANA ARO
CHIKONDI DRAGOSTE ALOFA GHAOIL LERATO RUDO LÁS
JACAYL BOGOH UPENDO SEVGI CARIAD UTHANDO
UTHANDO LIEFDE DASHURI SEVGI LJUBAV MILOV
ALOHACINTA RAKKAUS LIEBE GRÁ AMOR KJÆRLIGH
LJUBEZEN KÄRLEK LOVE PAG-IBIG CINTA MAITASUNA LJUBAVI A
ARMASTUS LEAFDE LANMOU SOYAYYA SZERETET ÁST KATRESN
EVÎN LÉIFT FITIAVANA AROHA CHIKONDI DRAGOSTE ALOFA GHA
LERATO RUDO LÁSKA JACAYL BOGOH UPENDO SEVGI CARI
UTHANDO IFE UTHANDO LIEFDE DASHURI SEVGI LJUBAV MILOV
RAKKAUS LIEBE ALOHA CINTA GRÁ AMOR KJÆRLIGHET LJUBEZ
KÄRLEK LOVE PAG-IBIG CINTA MAITASUNA LJUBAVI AMO ARMAST
LEAFDE LANMOU SOYAYYA SZERETET ÁST KATRESNAN EVÎN LÉ
FITIAVANA AROHA CHIKONDI DRAGOSTE ALOFA GHAOIL LERA
RUDO LÁSKA JACAYL BOGOH UPENDO SEVGI CARIAD UTHAN
IFE UTHANDO LIEFDE DASHURI SEVGI LJUBAV MILOVAT RAKKA
LIEBE ALOHA CINTA GRÁ AMOR KJÆRLIGHET LJUBEZEN KÄRL
LOVE PAG-IBIG CINTA MAITASUNA LJUBAVI AMO ARMAST
LEAFDE LANMOU SOYAYYA SZERETET ÁST KATRESNAN EVÎN LÉ
FITIAVANA AROHA CHIKONDI DRAGOSTE ALOFA GHAOIL LERA
RUDO LÁSKA JACAYL BOGOH UPENDO SEVGI CARIAD UTHAN
IFE UTHANDO LIEFDE DASHURI SEVGI LJUBAV MILOVAT RAKKA
LIEBE ALOHA CINTA GRÁ AMOR KJÆRLIGHET LJUBEZEN KÄRL
LOVE PAG-IBIG CINTA MAITASUNA LJUBAVI AMO ARMASTUS LEAF
LANMOU SOYAYYA SZERETET ÁST KATRESNAN EVÎN LÉIFT FITIAVA
AROHA CHIKONDI DRAGOSTE ALOFA GHAOIL LERATO RUDO LÁS
JACAYL BOGOH UPENDO SEVGI CARIAD UTHANDO IFE UTHAN

Göttliches Leben als wirksame Kraft

Wenn die unsichtbare Welt sich zeigt
warum sagen dann so viele
Es gibt nur die sichtbare
Nur das, was ich prüfen und anfassen kann

Ihr wisst doch, dass das nicht alles ist
Energie und Welle und Teilchen
sprengen die alten Gesetze

Wer weiß, was es darüber hinaus noch gibt
Größeres, Himmlisches, Glanzvolles

Liebe überwindet Feindseligkeit
Freiheit sprengt Ketten
Leben ist stärker als der Tod
Himmelskraft berührt die Erde

Verkörpert in Menschen
Nicht nur als Idee
sondern als wirksame Kraft
Erfahrbar mit Haut und Haaren

Jesus war tot
und auf einmal im Leben
Frauen und Männer
sind ihm begegnet

Verkörperung einer
unsichtbaren Welt
Kraftkern des Glaubens

Ohne dies Leben
das aufkeimt im Tod
und aus dem Grab tritt
ist alles hohl und leer

Ohne dies Leben ist
unsere Hoffnung kraftlos
unsere Existenz
auf Einbildung gebaut

Die Skepsis
die Vorwürfe
wären berechtigt

Nun aber ist Jesus auferstanden
Anfang von etwas Neuem
Göttliche Kraft mitten im Tod
energisch und durchsetzungsstark

Am Ende wird Gott sein
alles in allem
und wir in ihm
Göttliches Leben pur

1. Korinther 15,1–28

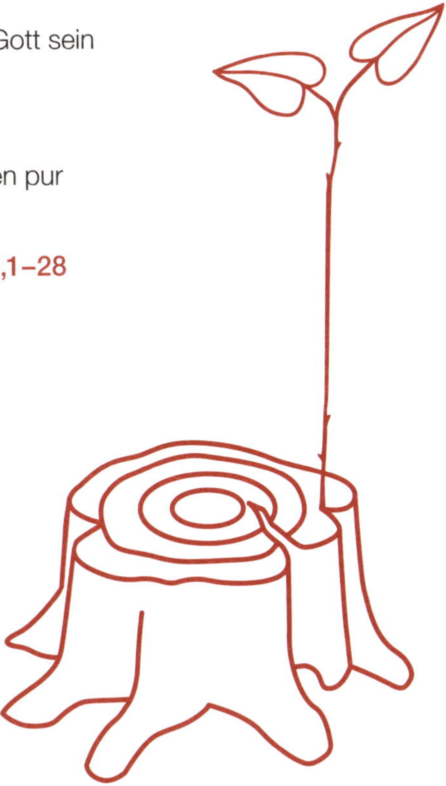

Trost tanken

Eintauchen
und auftanken
wie in einem Sommersee

Trost überall
Vorne und hinten
oben und unten

Ich fühle mich leichter als sonst
werde getragen
lasse mich treiben

Und der Trost wirkt
auf der Haut, in der Seele
im Herzen

Meine Gedanken toben
nicht mehr so schnell
werden ruhiger

Der Trost wirkt
in meinen Muskeln
und meinem Kopf

Ich lasse mich treiben
werde getragen
sauge es auf

Gehalten bin ich
getröstet
aufgehoben für den Moment

Verbunden mit der Kraft
die mit mir geht
auch wenn ich wieder heraussteige
aus diesem See
diesem Trost

„Gelobt sei Gott, der (…) Gott allen Trostes, der uns tröstet in aller unserer Trübsal, damit wir auch trösten können, die in allerlei Trübsal sind, mit dem Trost, mit dem wir selbst getröstet werden von Gott."

2. Korinther 1,3+4

**Was tröstet mich?
Welche Menschen? Welche Worte?
Welche Gesten?**

Lasst eure Herzen gesunden

Wir in Christus
Christus in uns
Und um uns herum

Eine neue Kreatur sind wir geworden
Neu von innen heraus
und von außen

Hoffnung und Vertrauen umgeben uns
erfüllen uns und richten uns aus

Das Alte ist vergangen
Neues ist geworden

Versöhnung aus Gott
in Christus verkörpert
dort, wo die Welt feindselig ist, gottfeindlich

Wo Menschen spucken, schlagen und quälen
ist Gott anwesend
Gerade dort

Um zu ertragen
zu heilen
und zu verwandeln

Die Versöhnungsmacht
ist kraftvoller
als alles Feindselige

Darauf lasst euch ein
Lasst eure Herzen
in Gottes Zuwendung gesunden

Lasst Hass und
Kälte und Wut
nicht chronisch werden

Lasst euch Kraft schenken
Versöhnungsworte zufließen
Und tut, was dem Leben dient

2. Korinther 5,17–20

Nicht nur dort, wo Himmel draufsteht

Ich hatte ihn einmal
den Zugang zum Himmel
für Momente
fühlte ich mich
im Paradies

Doch das ist
lange her
Hab' ich es nicht mehr gesucht
Ist anderes einfach wichtiger geworden
und größer

Manchmal sehne ich mich nach
besonderen Zeiten
nach Erfahrungen
die mein Leben
in Glanz tauchen

Wie komme ich dahin
Wie finde ich, was mir verloren ging
Wo muss ich suchen

Einfach Gott anrufen?
Hinausschreien ins Universum
wonach ich suche?
Meiner Herzsehnsucht eine Stimme geben
und ihr trauen?

Die Verbindung mit ihr
öffnet meine Ohren und Augen
meine Sinne für das
was immer da ist
nicht nur in himmlischen Zeiten

Ich sehe mehr
Ich sehe den Himmel auch da
wo es gar nicht so himmlisch zugeht
Licht, wo es dunkel ist
Kraft, wo alles schwach erscheint

Als ob göttliche Energie
nicht nur dort ist
wo Himmel draufsteht
Als ob sie überall ist
verborgen, geheimnisvoll

Ich höre mehr
auch leise Stimmen
die nicht in den Vordergrund drängen
und doch da sind
gewiss:

Göttliche Kraft
ist in dir
in deinem Herzen
deiner Sehnsucht und Schwäche
und dort, wo du hilflos bist

Gerade dort
wo das Leben
nicht gut zu dir war
du Schrammen bekommen hast
und Schmerzen ausgehalten

Trau der verborgenen Kraft
Such sie und lass dich finden
erlebe, wie sie dich trägt
und dir Stärke verleiht
anders als die Stärke der Welt

Göttliche Kraft
ist in dir
in deinem Herzen
deiner Sehnsucht und Schwäche
und dort, wo du hilflos bist

Lass dich beschenken
es liegt so viel drin
so viel Potenz
so vieles ist möglich
Freu dich daran

„Lass dir an meiner Gnade genügen; denn meine Kraft vollendet sich in der Schwachheit."

2. Korinther 12,9

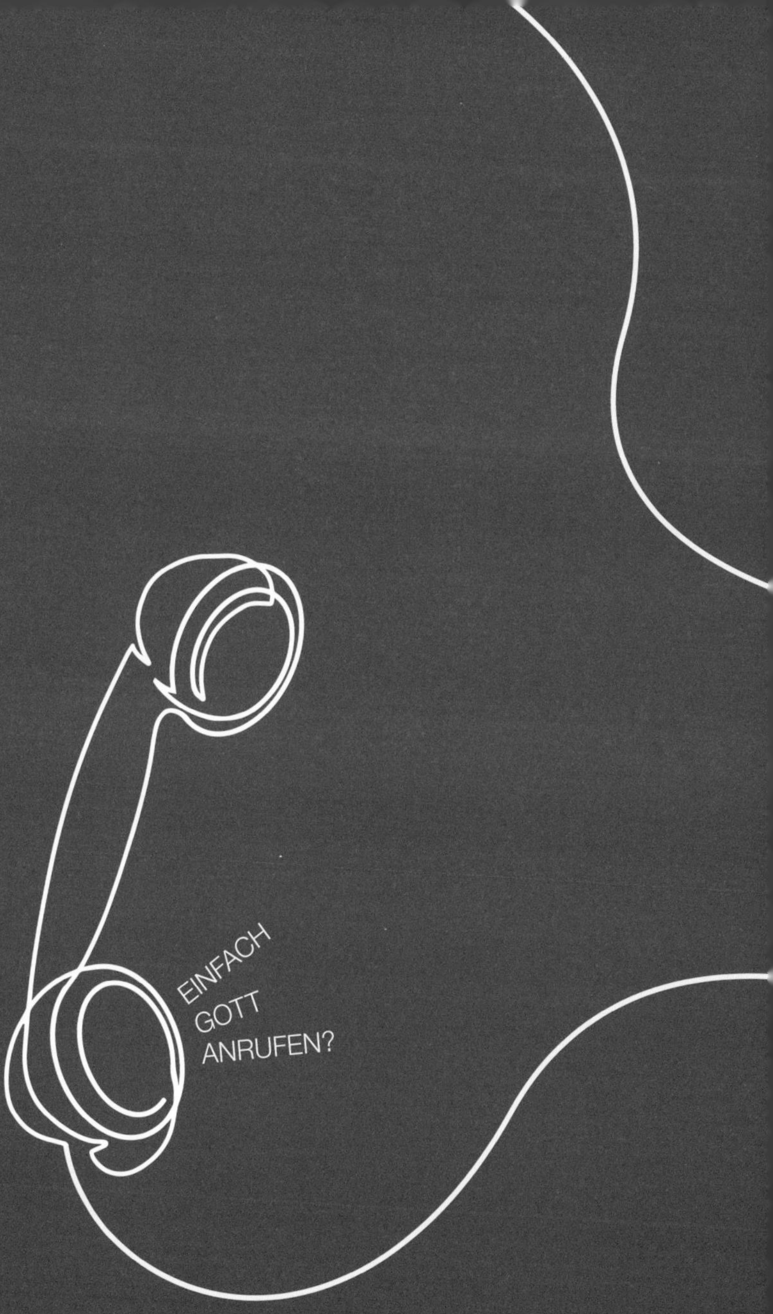
EINFACH
GOTT
ANRUFEN?

Gott in mir

Es scheint, was es ist
der Sport und der Urlaub
das Auto und wie ich mich kleide

Ich mag das
was glänzt
das Licht und die Schönheit

Doch manchmal
ist da ein Loch
eine Leere

Ich vermisse
was eigentlich genau?

Da muss doch noch mehr sein
mehr Leben
mehr Tiefe
mehr Glück

Das ist es
glaube ich
was ich mir wünsche

Verbunden sein
mit mir
meinem Körper

Mit anderen Menschen
mit Erde und Himmel
und Energie, die durch mich hindurchfließt

Da ist so viel
womit ich beschenkt werden
könnte

Gott in mir entdecken
das wäre doch was
Und in anderen gerne auch

Wahrnehmen
wie viel Leben in uns schlummert
wie viel Heilsames auf uns wartet

So vieles hat seinen eigenen Glanz
ich bin neugierig
und gespannt

*„Ich lebe, doch nun nicht ich,
sondern Christus lebt in mir."*

Galater 2,20

Lasst euch nicht wieder gefangen nehmen von dem, was ihr hinter euch gelassen habt

Christusfreiheit erfüllt den Raum
und entfaltet ihre Energie
schon jetzt

Lasst euch nicht wieder gefangen nehmen von dem
was ihr hinter euch gelassen habt
Alte Gewohnheiten, Familienkulturen, Erwartungen anderer
Sachzwänge, fiese Spiele, Angst

Lasst euch nicht wieder Fesseln anlegen
Prüft selbst: Was gibt euch Luft zum Atmen
Was macht eure Lungen frei
und euer Inneres stark

Alte Gewohnheiten und Zwänge
sind hartnäckig
und räumen
nicht einfach das Feld

Bleibt in der Freiheit
Am Ende wird sie stärker sein
weil sie von Gott kommt
Lasst sie in euch einströmen

Gebraucht die Freiheit
damit ihr sie nicht wieder verliert
Atmet euch in die Freiheit hinein

Jeder Atemzug stärkt die Sehnsucht
Jeder Schritt in die Freiheit lässt sie wachsen
Richtet euch auf
Dazu seid ihr berufen

Christusfreiheit erfüllt den Raum
und entfaltet ihre Energie
schon jetzt

Lasst euch locken von dem Kraftfeld
das euch umgibt
das euch stärkt und aufrichtet
und alle verbindet, die Freiheit geschmeckt haben

Galater 5,1–6

Bleibt in der Freiheit

**Was schenkt mir Freiheit?
Welche Menschen? Welche Räume?
Welche Haltungen?**

Nicht allein

Manchmal schaffen wir es
einfach nicht allein
Wir brauchen ein offenes Ohr
eine Hand, die uns hält
ein Herz, das uns beisteht

Andere schaffen es
auch nicht allein
Brauchen uns
unsere Hand, die sie hält
unser offenes Herz

Manchmal ist das Leben
zu schwer
für eine einzelne Seele
für einen Menschen
allein

Im Miteinander
liegt so viel Kraft

Jede gibt
was sie kann
nicht mehr

Jeder bekommt
was er braucht
nicht weniger

Schulter an Schulter
Herzen verbunden
gehalten

Hände und Arme und Beine
Gemeinsames Ziel
für den Moment

So wachsen Kräfte
größer als Menschen
wie aus dem Himmel

Das ist Gottes Wesen
seine Art, seine Macht
anders kann er gar nicht

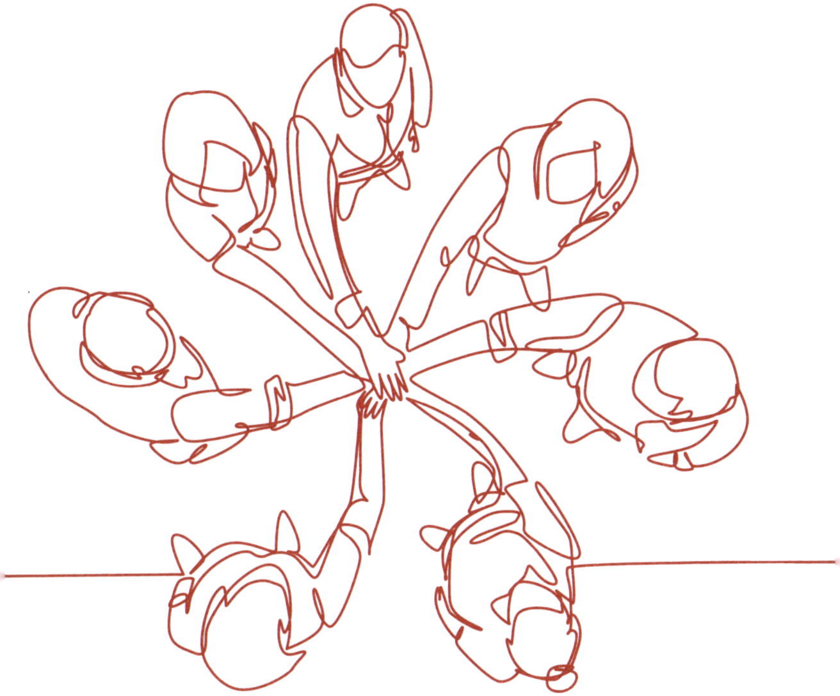

„Einer trage des andern Last, so werdet ihr das Gesetz Christi erfüllen."

Galater 6,2

Von innen berührt

Wir sehen
und schauen vorbei
drüber hinweg
durch andere hindurch

Was wir sehen
ist nur ein Ausschnitt
ein kleiner
ein bisschen
Wirklichkeit

Wir fühlen und schmecken
fassen an und begreifen
Manches lässt sich
mit Augen und Ohren und Händen
nicht fassen

Und doch ist es da
fasst uns an
in manchen Momenten
Berührt uns
von innen heraus

Dafür haben wir Sinne
die nur nicht geübt sind
Herzohren, innere Augen
für das
was nicht äußerlich ist

Hoffnung erfasst uns
Was werden will
sehen wir klar
Mut wächst
und wir mit ihm mit

„Er gebe euch erleuchtete Augen des Herzens, damit ihr erkennt, zu welcher Hoffnung ihr von ihm berufen seid.“

Epheser 1,18

Anfänge

Unscheinbar sind sie oft
man weiß nicht
was aus ihnen wird
Aus Anfängen
hier und dort

Schaut auf das
was dahinter ist
das Göttliche
die Kraft
die jeden Moment neu belebt

Schaut auf den
der das Leben schenkt
Gutes sät und Heilsames wachsen lässt
in euch drin
und um euch herum

Hört die Worte, die aufrichten
Lasst euch anstecken von Menschen
die Zuversicht verbreiten
Singt Lieder
die die Kehle befreien

Unscheinbar sind sie oft
man weiß nicht
was aus ihnen wird
aus Anfängen
hier und dort

Schaut auf den
der das Leben schenkt
Auf ihn richtet euch aus
dann wird alles Nötige
gedeihen

Früchte
die schmecken
und satt machen

Früchte
die Frucht bringen und Frucht bringen
und Frucht bringen
bis zur Vollendung

„Ich bin darin guter Zuversicht, dass der in euch angefangen hat das gute Werk, der wird's auch vollenden bis an den Tag Christi Jesu."

Philipper 1,6

In Jesus verkörpert

Göttliche Welt durch und durch
Keine Flucht und kein Hunger
weder Ausgrenzung noch Gewalt
Göttlicher Friede
erfüllt jeden Winkel

Dort hätte er bleiben können
das ist seine Heimat
und seine Welt
Er aber verzichtet
wird einer von uns

Durch und durch Mensch
verkörpert er Gott
begeistert die Menge
richtet auf
tröstet und heilt

Den Mächtigen geht das zu weit
zu viel Glanz
zu viel Liebe
Bald sind sie sicher
Jesus muss weg

Festgenagelt am Kreuz
ohne Ansehen und Ehre
ohne jeglichen Schutz
ausgeliefert
den Spöttern, dem Schmerz

Qualvoller Tod
Ende
Alles vorbei

Zwei Tage später ist
der Tod nicht mehr sicher
und das Grab nicht mehr dicht

Gott haucht dem
Leichnam
Leben ein
Neues Leben
göttliches Leben

Gibt dem Verurteilten
Anerkennung zurück
und den Respekt

Das ist sein Wesen
Da sein und
aushalten
mitleiden
und aufrichten

Bis irgendwann
die ganze Welt
erfasst ist
von dieser Kraft, die sich
in Jesus verkörpert

Philipper 2,6–11

LAUSCHT DER MUSIK

Hört heute auf die Festmusik

Hört nicht auf
jede Stimme
nehmt nicht alles gleichermaßen
wichtig

Lauscht der Musik
die euch beschwingt
Hört auf die Töne
die euch fröhlich machen, leicht und frei

Lasst euch nicht fangen
von trüben Stimmen und der Streitlust
nicht verwickeln
in Sorgen und in Angst

Hört heute auf die Festmusik
Singt in euren Herzen
Verbindet euch mit denen
die der Freude trauen

Lasst erklingen
was euch glücklich macht
Lasst euch
erfüllen mit Freude, Leben und Lust

Gottes Kraft
ist in allem, was euch
entlastet, erlöst
und befreit

Verschenkt
was ihr empfangt
macht andere glücklich
Familie, Nachbarn, Kollegen

Macht nicht alles
mit euch selbst aus
Sagt, was ihr braucht
Seid nicht zu stolz

Fragt Menschen
und fragt Gott
Lasst eure Sehnsucht leben
und richtet sie auf den, aus dem das Leben kommt

Lasst alles da sein
die Freude und die Lust
das Leichte und das Glück
Auch das, was fehlt und manchmal schmerzt

Lasst alles da sein
werdet ganz, empfangt
Lasst verbinden
was so oft unverbunden bleibt

Empfangt
den Frieden
der Schmerzen lindert
Risse heilt

Der euch beschenkt
mit Lust und Glück
der eure Herzen heilt
schon jetzt

In diesem Fluss
in solcher Energie
ist Christus
ist das Leben ganz

Das Neue mitten in dem Alten

„Freuet euch in dem Herrn allewege, und abermals sage ich: Freuet euch! Eure Güte lasst kund sein allen Menschen! Der Herr ist nahe! Sorgt euch um nichts, sondern in allen Dingen lasst eure Bitten in Gebet und Flehen mit Danksagung vor Gott kundwerden! Und der Friede Gottes, der höher ist als alle Vernunft, wird eure Herzen und Sinne bewahren in Christus Jesus."

Philipper 4,4–7

Aufgehoben, glücklich und leicht

Ursprung des Lebens
Zuversicht quillt aus dir
Dich loben wir, Gott

Du hältst die Hoffnung
lebendig
auch wenn viel gegen sie spricht

Du lässt dich schmecken
dort, wo das Leben
trostlos erscheint

Viele haben den Geschmack verloren
für dich
Sie fremdeln mit dir und mit uns

Doch Christus wohnt längst
in unseren Herzen
Lebenskraft – jenseits des Grabes – hat uns erfasst

Hoffnung, die durchhält

Hoffnung, die stark ist
sich nicht gleich
umwerfen lässt

Hoffnung, die durchhält
auch wenn das Licht
noch nicht scheint

Hoffnung, die verbindet
mit allen, die hoffen und schmecken
was sie mal sein werden

Eins mit Gott

Einfach nur da
Mit allem
Aufgehoben
glücklich und leicht

1. Petrus 1,3–9

Siehe, ich mache alles neu

Ich sehe
in eine andere Welt

Ein Universum erscheint
Neu und glanzvoll
ganz ohne Blessuren
wunderbar anzuschauen
Aus Himmel gemacht
Heimat für alle

Ich höre
aus einer anderen Welt

Schaut, hört und riecht
schmeckt das Neue
Spürt es mit allen Sinnen
Gott lebt unter euch
Spürbar verbunden
mit allen Menschen

Unser Gott wird er sein
und wir seine Gottesmenschen
Alle Tränen wird er abwischen
Aus verweinten Augen
wird Freude strahlen

Sterbebetten und Totenlager
sind nicht mehr
Höllenqualen und Schreie
für immer vorbei

Das Universum
mit Schmerzen und Schrammen
das ist vergangen

Ich höre
himmlische Worte

Siehe
ich mache alles neu
Das göttliche Universum
wird kommen
Gewiss

Offenbarung 21,1–5

Ich stelle mir vor, dass ich mich umsehe in dieser neuen Welt. Was nehme ich wahr? Was tut mir besonders gut?

Die Vielfalt des Lebens – oder: Stichwortverzeichnis

FSC
www.fsc.org
MIX
Papier | Fördert gute Waldnutzung
FSC® C018236

1. Auflage 2023
Bestell-Nr. 835376
ISBN 978-3-86334-376-7

Umschlaggestaltung: Mareike Schaaf
Umschlagmotiv: LedyX/Shutterstock
Satz: Uhl + Massopust, Aalen
Druck und Verarbeitung: Dimograf
Printed in Poland

www.adeo-verlag.de